Wenn Mars regiert, 1917

Neue Satiren

Alexander Otto Weber

Alexander Otto Weber

Wenn Mars regiert!

Neue Satiren, 1917

Aus dem Altdeutschen übertragen und mit Fußnoten versehen
von Steffen Schulze

Impressum

Bibliografische Information der Deutschen Nationalbibliothek:
Die Deutsche Nationalbibliothek verzeichnet diese Publikation in der
Deutschen Nationalbibliografie; detaillierte bibliografische Daten sind
im Internet über http://dnb.dnb.de abrufbar.

Lektorat: Steffen Schulze
Korrektorat: Steffen Schulze
Fußnoten: Steffen Schulze

© 2022, Alexander Otto Weber
Herstellung und Verlag: BoD – Books on Demand, Norderstedt

ISBN: 978-3754384817

Alexander Otto Weber (* 15. April 1868 in Dresden; † 13. Dezember 1939 in Berlin) war ein deutscher Schriftsteller.

Otto Weber war der Sohn des Industriellen Otto E. Weber. Der junge Weber besuchte das Köllnische Gymnasium in Berlin und das Realgymnasium in Lübben. Anschließend war er als Kaufmann in Hamburg und London tätig. Später übernahm er die Leitung des väterlichen Unternehmens. 1894 heiratete er eine Amerikanerin; 1896 wurde die Ehe geschieden; 1897 heiratete das Paar zum zweiten Mal, 1899 erfolgte die endgültige Scheidung. Nach dem Ausscheiden aus dem väterlichen Betrieb und einer von Geldsorgen geprägten Zeit begann Weber 1903 eine Karriere als freier Schriftsteller. 1910 heiratete er Antonie von Schoenebeck, die Witwe eines Offiziers, der 1907 von einem ihrer Liebhaber in der sogenannten Allenstein-Affäre getötet worden war. Antonie von Schoenebeck stand als Anstifterin vor Gericht, ihr Prozess endete aufgrund eingetretener Verhandlungsunfähigkeit ohne Verurteilung. Weber leitete in Berlin einen Verlag; 1927 heiratete er ein weiteres Mal. Nach der nationalsozialistischen Machtergreifung im Jahre 1933 standen einige seiner Werke auf der von den neuen Machthabern herausgegebenen „Liste des schädlichen und unerwünschten Schrifttums". 1939 starb er an Krebs mit Darmverschluss im Gertrauden-Krankenhaus in Wilmersdorf. Zuletzt lebte er im selben Bezirk in der Fasanenstraße 61.

Alexander Otto Weber war in erster Linie Verfasser von seinerzeit erfolgreichen satirischen Prosatexten und Gedichten; daneben schrieb er auch Kinderbücher und Theaterstücke.

Quelle: Wikipedia.de

Einige Kritiken der Presse über A. O. Weber:

Alexander Otto Weber ist ein feiner Satiriker. Ein Satiriker, der mit bezwingendem Witz und lustigen Peitschenhieben alles das trifft, was in unserem Leben eines liebenswürdigen Spottes wert. Man könnte fast unsern großen Wilhelm Busch über ihn vergessen oder vielmehr über den Tod unseres alten Humoristen getröstet werden. Weber ist der Meister der Satire, voller Geist und voll strahlenden Humors, er ist herzerwärmend und packt mit lachender Ironie Alltagsschwächen. Man wird bei seinen Werken warm und lacht, lacht Tränen.

National-Zeitung, Berlin

Weber versteht die Kunst, sehr interessant zu unterhalten. Sehr interessant! Auch pikant. Sehr pikant! Ein gut Stück Simplizissimusgeist steckt in diesen zwanglosen Reimen, viel auch von echtem erquickenden Buschichen Humor und reifer Lebensweisheit, die lachend auf die Torheiten der Menschen heruntersieht. Für Backfische und Stiftsdamen sind seine Bücher natürlich nicht bestimmt.

Leipziger Neueste Nachrichten

Ein neuer Band von A. O. Weber bedarf keiner Empfehlung, auch keiner Würdigung. Er ist ein Satiriker, bei dem sich Versmaß, Sprache und Behandlung zur gelungenen Einheit anpassen. Die Glanzstücke der neuen Sammlung zu nennen, erübrigt sich. Das hieße das Inhaltsverzeichnis von Anfang bis zu Ende zitieren.

Breslauer Zeitung

Alexander Otto Weber hat mit Demokritos, dem lachenden Philosophen, mehr als den Namen gemein. Auch ihm erscheint alles in philosophischer Heiterkeit und stets kommt er zum Schlusse: dificile est, satiram non scribere. Veni, vidi - - - risi könnte sein Wahlspruch sein. Jedes Liedchen ein kleines Kunstwerk! Jede Satire – ernst im Scherz!

Dr. Leo Wulff, Wien

Weber ist ein Meister, Gesellschaftstypen zu schildern. Seine humoristischen Vortragssachen sind von glänzender Schlagkraft.

Hessische Landeszeitung

Alexander Otto Weber ist so voll amüsanter Bosheit und auch voll scharfer Beobachtung, dass man sich gern von dem Schalk leiten lässt.

Richard Wilde, Berliner Börsen-Courier

Auch dieses Mal hat er uns ein ebenso geistreiches, wie hochinteressantes und humorvolles Buch geschenkt. Nicht eine Zeile im ganzen Buche, aus der nicht der großzügige Satiriker spricht.

Hamburger General-Anzeiger

Weber ist ein vollendeter Meister im Herausholen des Typischen. Jedes Gedicht ist ein kleines Kunstwerk, bitterster Ernst und übermütigster Scherz.

Grazer Tageblatt

Alexander Otto Weber ist ein Dichter, dessen beste Satiren schwer zu übertreffen sind.

Welt am Montag, Berlin

Alexander Otto Weber geißelt die Missstände im Leben des Einzelnen und im geselligen Verkehr mit der Zunge und dem giftigen Witze des erhabenen Spötters; seine Spottverse sind Delikatesse und treffen genau so sicher die, die auf des Daseins Höhen gehen, wie die da unten im breiten Tal des Lebens, die ganz Kleinen und die Gerne-Großen.

Walther Müller-Waldenburg im Blaubuch, Berlin

Alexander Otto Weber ist eine Mischung von Heine und Busch.

Dr. Arthur Obst im Hamburger Fremdenblatt

Sein goldiger Humor muss Anerkennung finden bei Freund und Feind.

Fränkischer Kurier, Nürnberg

Selbst der Ernsteste muss beim Lesen der Weberschen Bücher lachen. Es ist fürwahr das Beste, was deutscher Humor hervorgebracht hat.

In den Zeitstimmen

Man wird Weber bei jeder Gelegenheit zitieren können. Seine Satiren sind voller Witz und Spott, voller Kraft und Rücksichtslosigkeit.

Blätter für Bücherfreunde

Alexander Otto Weber ist der beste deutsche Satiriker unserer Zeit.

Wiener Montags-Journal

Ein lustiger, mutiger Spötter, der geistvoll zu formen versteht und Lacher genug findet, die ihm verständnisvoll zustimmen.

Berliner Lokalanzeiger

Zeitweis erinnern mich Webers Werke an Juvenal, zeitweis an Thackeray und Byron.

Dr. S. Shaw in der New York Sun

Man könnte Weber immerzu zitieren.

Hamburger Korrespondent

Weber ist ein genialer rücksichtsloser Spötter. Er trifft ins Schwarze mit einer verblüffenden Keckheit und eleganter Formsicherheit, die alles ästhetisch Verletzende von selbst ausschließt.

Straßburger Bürgerzeitung

Weber ist der beste deutsche Satiriker unserer Tage, ein wirklicher Humorist, den man neben Wilhelm Busch in seiner Bibliothek haben sollte.

Leipziger Tageblatt

An köstlichen Bemerkungen in seiner gefälligen Versifikation ebenso reich wie an ätzender Lauge grimmigster Satire.

Wiesbadener Tageblatt

Der ewige Kampf, den Idealismus und Realismus in der Ehe führen, ist hier in launigster Weise geschildert. Das meiste ist in Knittelreimen geschrieben, die dem echten Humor zu seinem Recht verhelfen.

Dresdner Nachrichten

Trotz beinahe brutaler Wahrheit ist alles so unglaublich humorvoll gesagt, dass der Getroffene selbst mit lachen muss. Ungeheuer komisch ist Weber im zweiten Teil „Allzumenschliches", wo er mit bekannter Meisterschaft die erotischen Saiten erklingen lässt. Voll bitterer Feinheit sind die angehängten Aphorismen und das Wörterbuch.

Neue Interessante Blätter, Stuttgart

Der Band enthält eine Überfülle humoristisch-satirischer Gedichte. Jeder, der Sinn für echten Humor und geistreiche Satire hat, sollte den Band in seiner Bibliothek haben.

Wissenschaftlich-pädagogische Rundschau, Wochenbeilage des „Deutschen Lehrer-Blattes", Berlin

usw. usw.

Inhalt

11

Der Verteidigungskrieg

Vierzig Jahr' hat man gerüstet,
Um den Frieden zu erhalten;
Auch nicht einen hat's gelüstet,
Kriegesfahnen zu entfalten.
Jeder schuf sich nur Kanonen,
Kreuzer, Mörser, Handgranaten,
Friedensliebe zu betonen,
Niemals nicht zu Kriegestaten.

Dachten Sie vielleicht, Herr Meyer,
Dass wir für den Krieg gerüstet,
Nur, weil es gewisse Schreier
Nach der Weltmacht hat gelüstet?
Nein, Herr Meyer, fehlgeschossen,
Alle wollten nur den Frieden,
Nur für ihn musst' unverdrossen
Jedes Volk die Waffen schmieden.
So, wie ich die Welt beäuge,
Schafften Krupp und die Strategen
Jederzeit die Mordwerkzeuge
Ganz allein des Friedens wegen.
Ganz das gleiche, selbstverständlich,
Taten auch die Feinde immer,
Ew'gen Frieden wollt' man endlich,
Doch den Krieg wollt' keiner nimmer.

Friedenstauben lustig girrten,
Friedensreden sind erklungen,
Friedenstelegramme schwirrten
Um die Welt in allen Zungen.
Süße Eintracht, holden Frieden,
Wollte jeder für sich schaffen,
Und deshalb musst' man schmieden

Die beliebten Abwehr-Waffen.
Jeder wollt' sich nur verteid'gen,
Wenn man ihn vereidigt hätte.

Wuchsen die Verteid'gungslasten
Auch zu ungeahnten Höhen,
Gab es hierbei doch kein Rasten,
Stillstand heißt stets Rückwärtsgehen.
Und wenn alle vorwärts schreiten
Beim Verteid'gen ihrer Küsten,
Musste selbst die Schweiz beizeiten
Sich zu ihrer Abwehr rüsten.

Meinen Sie nicht auch, Herr Meyer?
Was? Sie wollen protestieren?
Ja, es ist die alte Leier,
Meyer muss stets opponieren.
Doch, wenn ich nur Meyer hieße,
Würd' ich bei den Fragen schweigen,
Die ich denen überließe,
Denen Amt und Scharfsinn eigen.
Die den Frieden uns erhielten
Durch die Rüstungen seit Jahren,
Die nicht mit dem Feuer spielten,
Weil sie kannten die Gefahren.
Deshalb Meyer, lass dir raten:
Halt dein Maul und singe immer
Wer will unter die Soldaten,
Dass der Frieden flieh' uns nimmer.

Rüstung, Rüstung über alles,
Hieß es überall auf Erden,
Und der Friedensrüstungs-Dalles[1]
Konnte kaum noch größer werden.

---

[1] Dalles: Armut, Not, Geldverlegenheit.

Zwar empfahlen manche Staaten,
Dieses Rüsten einzuschränken,
Doch weil es nicht alle taten,
Konnte keiner daran denken.
Denn kein andrer Staat kann wissen,
Was wir, um uns zu verteid'gen,
Ohne Zweifel haben müssen,
Um den Angriff zu vermeid'gen.
Denn den andern anzugreifen,
Dachte keiner nur im Traume,
Jeder rauchte Friedenspfeifen
Seufzend unterm Rüstungsbaume.

Plötzlich ist was losgegangen
Und der Friede ausgekniffen,
Keiner hatte angefangen,
Jeder wurde angegriffen.
Alle mussten sich nur schützen,
Keiner wollte etwas rauben,
Jeder nur sein Land besitzen,
Keiner doch dem andern glauben.

Und so metzelt man sich nieder
Mit den hundsgemeinen Waffen,
Die man einstmals treu und bieder
Zur Verteid'gung sich geschaffen.
Alles hat sich so verbissen,
Dass Vernunft scheint ausgeschaltet.
Starb den Völkern das Gewissen?
Ist Gefühl und Herz erkaltet?
Nennt sich Krieg noch dieses Schlachten,
Dieses Morden, Sengen, Brennen,
Kann man nur den Krieg verachten,
Will man weiter Mensch sich nennen.

Wie, Herr Meyer? Sie erklären:

„Alles dies war zu vermeiden,
Wenn wir Menschen Christen wären,
Doch wir Christen wären Heiden.

Wenn es nicht in allen Ländern
Leute stets gegeben hätte,
Die zu gern die Grenzen ändern,
Und stets hetzten um die Wette!"

Wie Sie denken, lieber Meyer,
Ich verzichte auf Debatten,
Wo verbluten für die Schreier,
Jene, die geschwiegen hatten.

Zeus

Der alte Zeus ist hoch in Nöten
Bei diesem wie bei jedem Krieg,
Weil Freund und Feind das Gleiche beten:
„Zeus, sei gerecht, gib uns den Sieg;
Wir führen die gerechte Sache,
Der Gegner ist nur ein Bandit,
O hilf uns, Zeus, mit deiner Rache,
Dass uns des Sieges Lorbeer blüht!"

Der gute Zeus in seinen Nöten
Zu Freund und Feind dasselbe spricht:
„Ihr wisst, es heißt, du sollst nicht töten,
Doch tut ihr's doch, helf' ich euch nicht!
Und wer im Recht ist von euch beiden
Sagt selbst euch, nur das eine wisst:
Ein Löwe, muss er Hunger leiden,
Hat recht, wenn er den Büffel frisst.
Doch kann der Büffel ihn vernichten,
Wird er in seinem Rechte sein,
Ich würde deren Streit nicht schlichten,
Und misch' mich nicht in euren ein!"

Lasst mich in Ruh' mit eurem Beten,
Franzose, Türke, Russe, Preuß',
Ihr andern auch, beim Menschentöten,
Hochachtungsvoll
Der alte Zeus.

Das Hobellied!

Da streiten sich die Völker 'rum
Um Existenz und Glück,
Sie bringen sich einander um
Und bringen sich zurück.
Als wenn nicht Platz für alle wär'
Auf unserm Erdenrund,
Das Schicksal nimmt den Hobel her
Und hobelt sie zu Grund.

Ob Vierbund[2], ob Entente[3] im Recht,
Ist heute völlig gleich,
Denn alle beide sind geschwächt
Und „waren" einmal reich.
Sie bleiben in der Tollheit Bann,
Wenn Gott sich nicht erbarmt,
Das Schicksal setzt den Hobel an,
Bis jedes Reich verarmt.

Millionen werden hingerafft,
Verstümmelt und verseucht
Aus hirnverbrannter Leidenschaft,
Die die Vernunft verscheucht.
Man spricht von Recht und kennt nur Macht,
Hohl singt der Tod sein Lied,
Das Schicksal hobelt ungeschlacht,
Bis man nur Späne sieht.

Was ist der Preis, was ist der lohn,
Wenn alle Bettler sind?

---

[2] Vierbund = Mittelmächte im ersten Weltkrieg: Deutschen Reich,
Österreich-Ungarn, Osmanische Reich und Bulgarien.
[3] Entente: informelles Bündnis zwischen dem Vereinigten Königreich,
Frankreich und Russland im ersten Weltkrieg.

Man kämpft um eine Illusion,
Verliert, wenn man gewinnt.
Es ist doch sonst nicht Kriegsgebrauch,
Dass man sich siegt zu Tod',
Das Schicksal hobelt diesmal auch
Den Sieger in den Kot.

Der Patri-Idiot

Ein Mann von urgerman'schem Wesen,
Von preuß'schem Herz und preuß'scher Hand,
Ein Mann, der Goethe halb gelesen
Und diese Hälfte missverstand.
Ein Mann, der „hurra" schreit alltäglich,
Besonders da, wo es nicht passt,
Der seinen Kaiser liebt unsäglich
Und instinktiv das Fremde hasst.

Zwar kennt er weder seinen Kaiser,
Noch hat das Ausland er geseh'n,
Sein Leben lang lief nur im Kreis er
Und blieb im Kreise geistig steh'n.

Sein Deutschland muss stets größer werden,
Der Bismarck hat zwar viel geschafft,
Doch fehlte ihm zuletzt auf Erden
Der weite Blick, die rechte Kraft.
Wenn er der neue Kanzler wäre,
Dann reichte Deutschland bis Triest,
Bis hin zur dänisch-schwed'schen Fähre,
Bis Petersburg, Odessa, Brest.
Old England nähmen wir natürlich
Die besten Kolonien fort,
Und er wird höllisch ungebührlich,
Entgegnest du ein einz'ges Wort.
Er weiß, wir sind das Salz der Erde,
Allein das Deutschtum ist gesund,
Drum stampft er mit Germaniens Pferde
Das ganze Ausland in den Grund.

Schlagt doch aufs Maul den frechen Knoten,
Bis ihm verstimmt der Rede Schwall,
Durch diesen Patri-Idioten

Sind längst verhasst wir überall.

Das Café Größenwahn[4] zur Zivildienstfrage.

Kinder, habt ihr's schon gelesen?
Es ist eine Infamie;
Alles ist schon dagewesen,
Nur nicht solche Despotie!
Kinder, rottet euch zusammen,
Eh' die Kunst ins Grab versinkt,
Schürt des Zornes heil'ge Flammen,
Eh' uns Sklavenarbeit winkt.

Das sind nun die großen Zeiten,
Die man einstmals uns versprach,
Fess'lung der Persönlichkeiten,
Es ist wirklich eine Schmach.
Längst schon hat man uns genommen
Mit dem Kaffee den Esprit,
Butter kann man nicht bekommen,
Fett lebt in der Phantasie.
Fleisch und Zucker sind Chimäre,
Margarine, Sacharin
Füllen unsres Magens Leere,
Und Papier brennt im Kamin.

Alles haben wir ertragen,
Selbst den frühen Wirtshausschluss,
Ohne Murren, ohne Klagen,
Litt auch unser Pegasus.
Aber uns noch zuzumuten
Arbeit, was so Arbeit heißt,
Das ist doch zu viel des Guten

---

[4] Café Größenwahn wurde im Berliner Volksmund das alte Café des Westens genannt, dessen Stammgäste nach Weber „vielfach minderwertige Maler, Schriftsteller und Bildhauer mit Genie-Gebärden" waren.

Für den Mann von hohem Geist.

Selbst der Freie soll verrichten
Arbeit jetzt, wie ein Helot[5],
Darf nicht malen, meißeln, dichten,
Arbeit ist des Künstlers Tod.
Arbeit ist des Bürgers Zierde,
Arbeit in des Bürgers Sinn,
Seine tierische Begierde
Weist ihn aufs Reale hin.

Uns ist Arbeit Stimmungssache,
Uns ist Arbeit heil'ger Zwang,
Selbst, wenn ich meist gar nichts mache,
Arbeit' ich mein Leben lang.
Geistesarbeit, wohlverstanden,
Körperarbeit ist gemein,
Zwingt man uns in Sklavenbanden,
Schreibt man unsern Totenschein.
Tötet Deutschlands Ruhm und Größe,
Unsre herrliche Kultur,
Gibt vorm Ausland sich 'ne Blöße
Und verliert die Achtung nur,
Die „wir" in der Welt errungen
Unserm teuren Vaterland,
Goethe, Nietzsche und wir Jungen,
Durch den Geist, Kunst und Verstand.

Sollen wir Granaten drehen,
Wir, die Deutschland groß gemacht;
Soll im Lande hier entstehen
Ewig dunkle Geistesnacht?

---

[5] Heloten: Angehörigen einer sozialen Schicht von Menschen im Staat Lakedaimon (Sparta), die zwar im Staat sesshaft, aber keine Bürger waren.

Sind wir eppes[6] nicht dem Reiche
Wichtiger, als Krupp vielleicht?
Fallt dem Geiste in die Speiche,
Und der deutsche Stern erbleicht!

Zwingt uns nur in Sklavenketten,
Schlagt den deutschen Geist nur tot,
Und kein Hindenburg kann retten
Deutschland aus der geist'gen Not.

Deshalb lasst uns heut' noch schreiben
Einen flammenden Protest,
Deutschland kann nur Deutschland bleiben,
Wenn man uns in Ruhe lässt.
Hunger wollen wir ertragen
Unser ganzes Leben lang,
Ohne Murren, ohne Klagen,
Aber keinen Arbeitszwang!

---

[6] eppes = etwa

Der Stöckelschuh

Die Polizei hat angeordnet:
Der Schuster hat darauf zu seh'n,
Dass unsre Damen jetzt im Kriege
Nicht auf zu hohen Stöckeln geh'n;
Und deshalb hat sie ihm verboten,
Den Absatz gar zu hoch zu machen,
Er muss sich also notgedrungen
Beteiligen, uns zu verflachen.

Natürlich gibt es wieder Nörgler,
Die selbst bequängeln dies Gebot,
Und sagen, in den schweren Zeiten
Tät' uns was Wichtigeres not.
Die glauben, dass der preuß'sche Schutzmann
Von solchen Fragen des Geschmacks
Nicht mehr verstände, als ein Bauer
Von Kaviar, Austern, Sekt und Lachs.

So was ist immer leicht behauptet,
Nur trifft's den Kern der Sache nicht,
Denn g'rade an den Kleinigkeiten
Erkennt man erst den Mann der Pflicht.
Der gute, treue Schutzmannstiefel
Beweist doch jedem unbedingt,
Wie man das Praktische, Gesunde,
Mit dem Geschmack in Einklang bringt.

Doch bleibt es völlig Nebensache,
Der wahre Grund liegt tieferer,
Denn wird der Absatz immer höher,
Wo nehmen wir die Wälder her?
Solch' Ding wird doch aus Holz gedrechselt,
Und wird es täglich höher dann,
So wird ganz Deutschland ausgeforstet,

Und brotlos wird der Zimmermann.

Zudem, die hohen Stöckelschuhe
Vermehren, das weiß jedes Kind,
Die heißgeliebten Hühneraugen,
Die teils sehr schmerzhaft sind, teils blind.
Vermehren so die Leichdornärzte[7],
Die leben von den Augen nur,
Vermehren so die Zahl der Messer,
Die sie gebrauchen zu der Kur.

Und um die Messer herzustellen,
Gebraucht man allerfeinsten Stahl,
Der dann im Kriege wird entzogen
Dem wicht'gen Schiffsbaumaterial.
Schnell fehlen uns zwölf Panzerkreuzer,
Wenn man den Stahl für Messer nimmt,
Die für vermehrte Hühneraugen
Moderner Damen sind bestimmt.

Drum ist die Polizei-Verordnung
Fast eine nationale Tat,
Wir halten durch, ganz ohne Zweifel,
Wenn solche Ordnung herrscht im Staat.
Und sollten wir den Krieg gewinnen
Vielleicht durch diese Vorschrift nur,
So folge ich in Frieden immer
Errötend jedes Schutzmanns Spur.

---

[7] Leichdorn = Hühnerauge (mitteldeutsch)

Das Völkerrecht

Das Völkerrecht, das hohe Recht,
Das die Kultur uns hat beschert,
Ist theoretisch gar nicht schlecht,
Nur praktisch hat es keinen Wert.
Denn, ist geschützt dadurch in Frieden
Der Bürger, sagen wir zur Not,
Nützt ihm das leider nichts hienieden,
Schlägt ihn der Feind im Kriege tot;
Nichts seiner Frau, die man erst schändet,
Und die dann teilt sein Missgeschick,
Denn, was die Tat einmal vollendet,
Bringt ihm kein Völkerrecht zurück.
Und würde ihm der Feind nur rauben,
Was ihm kein Völkerrecht erlaubt,
So darf er an das Recht zwar glauben,
Doch schützt es keinen, der dran glaubt.

Willst du als Kämpfer dich ergeben,
Hast deine Waffen hingelegt,
Schützt zwar das Völkerrecht dein Leben,
Sobald dich nicht der Feind erschlägt.
Doch leider hat von allen Seiten
Beredte Klagen man gehört
Der Feind übt solche Scheußlichkeiten,
Und jeder Teil hat sich empört.

Das Völkerrecht verbietet Waffen,
Die qualvoll machen deinen Tod,
Die giftig sind, und die geschaffen,
Zu höhnen das Kulturgebot;
Verbietet Schiffe zu versenken,
Die dienen friedlichem Verkehr,
Unschuldige so zu ertränken,
Hilflos zu lassen auf dem Meer;

Der Flieger seine Bombe schmeißt,
Doch, wenn es einer trotzdem täte,
Wer schützt dich, wenn sie dich zerreißt?

Denn jenen, der hat sterben müssen,
Lässt hinterher der Trost sehr kühl,
Dass ihn die Bombe nur zerrissen,
Weil gegen's Völkerrecht sie fiel.
Auch jene, die man hingeschlachtet
Im Baralong-Fall[8] so voller Mut,
Gibt, wenn der Gegner es nicht achtet,
Kein Völkerrecht zurück ihr Blut.

Ja, dürft' man sagen, was man dächte,
Und dächt' alsdann das, was man denkt,
So sagte ich vom Völkerrechte:
Das hat der Teufel uns geschenkt!

---

[8] Baralong-Zwischenfall: Versenkung des deutschen U-Boots SM U 27 durch die britische U-Boot-Falle HMS Baralong am 19. August 1915 in den Gewässern südlich der irischen Stadt Queenstown (heute Cobh). Dabei wurden alle überlebenden Besatzungsmitglieder des deutschen U-Boots von der Mannschaft der britischen U-Boot-Falle getötet.

Klett, Hauptmann der Landwehr

Es ging ihm leidlich dreckig,
Dem Landwehrhauptmann Klett,
Sein Anzug wurde speckig,
Dem Körper fehlte Fett.
Oft sah man ihn verschwinden
Für unbestimmte Zeit,
Um so zu überwinden
Den Offenbarungseid.

Man konnte nicht grad´ sagen,
Dass Arbeit er gehasst,
Denn mit solch heiklen Fragen
Hat er sich nie befasst.
Es sprach aus seinen Zügen
Verdienen macht Pläsier,
Nur muss es mir auch liegen
Als Landwehroffizier.
Ich kann doch nicht vermieten
Den Leib für schnödes Geld,
Man muss mir etwas bieten,
Das liegt dem Mann von Welt.
Sonst müsste ich verzichten
Auf meinen Hauptmannsrang,
Ich kenne meine Pflichten
„Als Hauptmann", Gott sei Dank!

So lebte er seit Jahren
Von dem, was er sich lieh,
Vermied das Offenbaren
Und spielte Lotterie,
Doch ist stets treu geblieben
Dem Range und dem Schein,

Hat auch mal quer geschrieben[9],
Doch meist bracht' das nichts ein.
Hat ehrlich oft gehungert,
Sein Schicksal oft verflucht,
Im Café rungelungert,
Doch Arbeit nie gesucht.

Als dann, vor ein'gen Jahren,
Die Not am höchsten stieg,
Wollt' nach New York er fahren,
Da plötzlich kam der Krieg.

Er wurde eingezogen
Als Bahnhofskommandant,
Die blauen Lappen flogen[10],
Ihm zu vom Vaterland.
Er trug sie mit Behagen
Sofort nach dem Empfang,
Damit sie Zinsen tragen,
Ganz heimlich hin zur Bank.
Längst schreibt sich mit fünf Stellen
Sein Konto beim Bankier,
Versiegen nicht die Quellen,
Dann wird er noch Rentier.
Er möchte' am liebsten führen
So zwanzig Jahre Krieg,
Ihn kann der nicht berühren,
Für ihn heißt Krieg stets Sieg.

Natürlich schmückt ihn lange
Auch schon das E. K. 2[11],

---

[9] Querschreiben: aus dem Wechselrecht, bedeutet die Unterschrift
auf dem Wechsel durch den Bezogenen oder Wechselbürgen.
[10] Blauer Lappen: Tausend-Mark-Schein
[11] E. K. 2: Eisernes Kreuz 2. Klasse (niedrigste militärische
Auszeichnung)

Entsprechend seinem Range
Manch´ andres noch dabei.
Und folgt das Glück ihm weiter,
Das vielen Unglück bringt,
Steigt höher er die Leiter
Und wird noch unbedingt
Major beim Bahnhofswesen,
Rechts oder links des Rheins,
Und schließlich wird man lesen:
Klett trägt das E. K. 1.

Dann wird er nach dem Kriege
´ne reiche Witwe frei´n,
Und bald wird in der Wiege
Der Erstgebor´ne schrei´n.
Zu dem spricht dann der Vater
Ging drüber hin manch Jahr!
Vom blut´gen Kriegstheater,
Von Kämpfen und Gefahr.

So wirkt der Krieg verschieden
Auf jeden, den er trifft,
Ihm scheint er Glück zu schmieden,
Den meisten bringt er Gift.
So viele müssen sterben,
Doch zeigt er auch Humor:
Kriegslieferanten erben,
Und Klett wird noch Major!

♠

Der Kampfbericht

Es lebten einstmals zwei in Fehde
Ob einer Eifersüchtelei,
Erst gab es Hin- und Hergerede,
Und schließlich eine Holzerei.
Der andre war bedeutend stärker
Und schlug den Einen ins Gesicht,
Dass platt ward des Gesichtes Erker
Und er verlor das Gleichgewicht.
Die Augen waren zugequollen,
Er schien beinahe blind zu sein,
Doch konnt' er sich ins Haus noch rollen
Und schloss sich dort begeistert ein.

Am nächsten Morgen war ihm besser,
Es sah schon wieder ziemlich gut,
Nur schien ihm alles etwas blässer,
Doch war er wieder voller Mut.
Er sandte von dem Abenteuer
Den Freunden folgenden Bericht:
Ich traf vorm Haus das Ungeheuer
Und schlug ihn mächtig ins Gesicht.
Natürlich schlug der Kerl mich wieder,
Doch hab' ich tüchtig ihn verhau'n,
Er liegt jetzt sicher krank darnieder
Mit Flecken grün, gelb, blau und braun.
Als ich ihn nicht mehr sehen konnte,
Ging ich ganz langsam in mein Haus
Und blickte nach dem Horizonte
Am nächsten Morgen kühn hinaus.
Der Kerl war nirgends zu erblicken,
Sonst war ich unten im Moment,
Er muss jetzt seine Wunden flicken,
Der widerliche Konkurrent.
Nur habe ich ein wenig Fieber

Und gehe d'rum demnächst nicht aus,
Natürlich sagt nun dieser Schieber,
Ich bliebe nur aus Angst zu Haus.
Doch ist das Fieber erst gewichen,
Dann suche ich ihn wieder auf,
Den Kneifer, diesen jämmerlichen,
Ich gebe euch mein Wort darauf!

So lautete die Kampfbeschreibung
Des Siegers, der die Schlacht verlor,
Man weiß, solch' kleine Übertreibung
Kommt auch im Krieg zuweilen vor.

Der ewig Vergnügte

Wenn ich auch schon Hunger spüre,
Was ist wirklich schon dabei?
Habe ich Romanlektüre,
Pfeif' ich auf die Schlemmerei.
Wenn ich friere, weil die Kohlen
Knapp, wie die Kartoffeln sind,
Kann ich mich im Mai erholen,
Weil der Sommer dann beginnt.
Mir genügt's, wenn die Franzosen
Wie mein Blatt mir oft gesagt,
Tragen aus Papier jetzt Hosen,
Und dass Hungersnot sie plagt.
Dass in England längst der Zucker
Aufschlug zwölfeinhalb Prozent,
So, dass mancher armer Schlucker
Kaum fünf Pfund sein eigen nennt.

Hör' ich, dass die Russen kriegen,
Keinen Schnaps im ganzen Land,
Hungers sterben dort die Fliegen,
Eidlich ist das anerkannt,
Stimmt mich gar mein Hunger heiter
Und ich friere stolz im Haus,
Denn, geht dieser Krieg so weiter,
Hält der Feind das nicht mehr aus.

Frieren macht den Deutschen härter,
Hunger ist sein bester Koch,
Hat Romane und Konzert er,
Hält er durch; der Feind jedoch
Kann den Zustand nicht ertragen,
Ja, das weiß mein Blatt genau,
Lachend les' ich dessen Klagen
Zur Beruh'gung meiner Frau.

Feinde, ihr seid reingefallen,
Rückgeprallt ist euer Pfeil,
Täglich les' ich von Krawallen
In der Zeitung Auslandsteil.

Ach, wie macht mich froh das Frieren
Und der Hunger in dem Krieg,
Denn er muss zum Siege führen;
Und er führt gewiss zum Sieg!

Lachen muss ich alle Tage,
Weil der Feind so mächtig friert,
Weil er hungert, ohne Frage,
Und gewiss noch revoltiert.

Suum cuique[12]

Ja, Old England hat gut reden:
„Jedem bleibe, was er hat,"
Dieser Wahlspruch ist ein Eden
Für den weiland Nimmersatt.
Milliardäre sind genügsam,
Wenn die andern bleiben arm,
Wenn die andern bleiben fügsam,
Und sie selber sitzen warm.
Hat man sich genug gestohlen,
Schimpft man auf den kleinen Dieb
Und verfolgt ihn mit Pistolen,
Schädigt er den Großbetrieb.
Alle Völker, groß geworden,
Alle Räuber großen Stils,
Treten bei dem Erbrechts-Orden,
Sind sie müde ihres Spiels.
Milliardäre unterschreiben
Gar zu gerne jenen Satz:
Jedem muss das Seine bleiben,
Denn für alle ist noch Platz.

Aber, ist es unverständlich,
Wenn der Ärmere dann sagt:
Wär' ich Milliardär doch endlich,
Wenn auch er nach Reichtum jagt?
Wenn auch Deutschland seine Grenzen
Sucht zu sprengen, wenn es kann,
Und es kommt zu Differenzen
Mit dem reichen Vetter dann?

Das ist menschlich zu begreifen,
Doch auch England zu verzeih'n,

---

[12] Suum cuique: jedem das Seine

Auf den Wahlspruch sich zu steifen:
Was ich habe, das bleibt mein!
Recht wird Unrecht, Wohltat Plage,
Manchmal oder meistens hier,
Handelt sich's um jene Frage:
Was ich habe, bleibe mir.
Doch nach menschlichen Gesetzen
Löst man stets die Frage so,
D'rum muss man beim Gegner schätzen,
Was man selbst übt frisch, frei, froh.

Aber über Menschenrechte
Geht in jedem Fall die Macht,
Bin ich Sieger im Gefechte,
Gibt mir recht das Recht der Schlacht.
Kann ich England dann vernichten,
Das geraubt die halbe Welt,
Muss es auf den Raub verzichten,
Den es jetzt in Krallen hält.
Muss den andern wiedergeben,
Was es ihnen einstmals stahl,
Und noch etwas mehr daneben,
Das war immer Schlacht-Moral.
Da es nun von allen Ländern
Hat gestohlen jederzeit,
Müsste sich die Karte ändern
Fast bis zu Unkenntlichkeit.
Alles müssten es bekriegen,
Wie es jedem Weltreich ging,
Leicht muss es dann unterliegen
Seiner Feinde mächt'gem Ring.

Aber, aber, leider, leider
Ander sieht es diesmal aus,
Diesmal schützen selbst die Neider
Englands Riesenwarenhaus.

Das muss uns zu denken geben,
Scheinbar ist es noch nicht Zeit,
Englands Goldnest auszuheben,
Das heut schützt sogar der Neid,
Lasst den Neid erst größer werden,
Nach dem Krieg wird er's bestimmt,
Vieles ändert sich auf Erden,
Wenn des Neides Glut erst glimmt.

Ist erst isoliert der Reiche,
Stürzt der reichste Milliardär,
Fallen muss die stärkste Eiche,
Fallen alle drüber her.
Stürzt die Eiche niemals um;
Bismarck dachte rationeller,
Nur ein Narr fragt heut': warum?

Politik heißt abzuwägen
Pro und contra höchst gewitzt,
Aber nicht, sich abzusägen
Jenen Ast, auf dem man sitzt!

Die Eingeweihten!

Als der Krieg erst kaum begonnen,
Sah man kluge Schwätzer viel
Sich in ihrer Weisheit sonnen,
Wie wir kämen schnell ans Ziel.
Ach, die Sache war so simpel,
Jeder hatte was gehört,
Jeder Lausbub, jeder Simpel,
Tat unglaublich kriegsgelehrt.
Jeder wusste, dass wir hätten
Mörser, einfach kolossal,
Die, zwar wollte er nicht wetten,
Schössen über den Kanal.
Außerdem achttausend Boote,
Die im Schutz der Mörser dann,
So, dass sie kein Feind bedrohte,
Landen zwei Millionen Mann.
London wird im Sturm genommen;
Hurra, London, Falkenhayn[13]!
Bald wird die Depesche kommen,
Und das Roastbeef hinterdrein.

Immer waren diese Schlauen
Ganz von oben eingeweiht,
Wo sie stets ja anvertrauen
Schwätzern jede Heimlichkeit.
Gott sei Dank, die streng Diskreten
Nannten ihre Quellen nie,
Eher konnte man sie töten,
So verschwiegen waren sie.
Edelleute sind verschwiegen,
Heißen sie auch Kunz und Cohn,

---

[13] Erich Georg Sebastian Anton von Falkenhayn: im Ersten Weltkrieg preußischer Kriegsminister.

Wenn sie treuen Auges lügen
Unter strengster Diskretion.

Sprach man dann von Englands Flotte,
Haben sie laut aufgelacht,
Englands Söldner-Seemanns-Rotte
Käme gar nicht in Betracht.
Und die Schiffe? Appelkähne!
Die Kanonen? Richt'ger Schund!
Offizieren, Kapitäne
Einfach unter allem Hund!
Wieder wussten sie's aus Quellen
Die es lange wussten schon,
Doch verrieten diese Stellen
Weder Hinz, noch Kunz, noch Cohn.

Nun des Schwätzers sichre Quellen
Haben leider stark versagt,
Dürft' er nennen jene Stellen,
Hätt' er sie gewiss verklagt.
Aber Edelmann vom Schädel
Bis hinauf zu seinem Hut,
Leidet stumm er, aber edel,
So was liegt bei ihm im Blut.
Diese Freunde höchster Stellen,
Märtyrer der Diskretion,
Nennen nie erlog'ne Quellen,
Bravo, Hinz und Kunz und Cohn!

Der Fremdwortkrieg

Man kann fast alles übertreiben,
Als Jungfrau selbst das Sitzenbleiben,
Als Ehefrau, das Kinderkriegen,
Als Gatte, heimlich auszufliegen.
Man kann das Tanzen übertreiben,
Das Poesie- und Prosaschreiben,
Das Spielen, Trinken, Sumpfen[14], Rauchen,
Wie auch das Fremdwort zu gebrauchen.

Der Deutsche soll nicht animieren,
Nicht ennuieren[15], nicht vexieren[16],
Soll nie „good day", „good morning" sagen,
Auch nicht: „comment ça va-t-il?" fragen.
Doch kann man echter Deutscher bleiben
Und Wechsel blanko unterschreiben,
Und auch Kredit in Anspruch nehmen,
Sich selbst bewegen in Extremen.

Auch Schiller sprach von Limonade,
Und Goethe von der Maskerade,
Fürst Bismarck liebte zu zitieren,
Und Nietzsche zu philosophieren.
Nicht jedes Fremdwort soll man meiden,
Oft braucht man's, um zu unterscheiden:
„Artisten" können sich entzwei'n,
Und brauchen keine „Künstler" sein.

Wer jedes Fremdwort will verdrängen,
Sucht seine Sprache einzuengen
Und wird nur Unglückseier legen,

---

[14] Sumpfen: bis spät in die Nacht hinein zechen und sich vergnügen.
[15] ennuieren: langweilen, belästigen.
[16] vexieren: necken, ärgern, quälen.

Zum Beispiel, wenn man den Kollegen
„Berufsfreund" fürder tituliert,
Der dich am liebsten frikassiert,
Der gar zu gern dein Grab umzäunte;
Ich danke bestens für die Freunde!

Doch hälst „Berufsfreund" du für besser,
So nenn' Stilett auch Dreieckmesser,
Nenn' das Klavier jetzt Klingklangkiste,
Sag' für Silentium: „Stille biste!"
Sag' für Hotel stets Fremdenbleibe,
Und statt Roulette sag' Schieber-Scheibe.
Parfüm nenn' Rasenlieblingsduft,
Und das WC nenn' Honiggruft.
Eunuch ersetz' durch Zeugungsleerer,
Und Missionar durch Seelenlehrer.
Billard heiß' ferner Murmeltisch,
Attest, devot: Beglaub'gungswisch.
Den Jockey nenne Reiternutte,
Den Cutaway[17] Gesellschaftskutte.

Sag' Scheinbehauptung für Perücke,
Und statt „dear darling" kleine Dicke!
Schwadron benenne Reiterrudel,
Importe kurz Enttäuschungsnudel.
Die Ammen nenne Kinderkühe,
Die Medizin Bereich'rungsbrühe.
Statt Loge sage Dreiwandkammer,
Und statt Parkettsitz Sitzfleischklammer.
Den Querulanten nenne Trutzmann,
Und Herrn von Jagow[18] Überschutzmann.

---

[17] Cutaway: ein aus dem Gehrock entwickeltes formelles Kleidungsstück für Herren.
[18] Günther Gottlieb Karl Eugen von Jagow: deutscher Diplomat und Politiker.

Für Portemonnaie sag´ Taschenpinke,
Und für Adieu jetzt: Winke, winke!
Für Opernglas sag´ Singspielgucke,
Für chauvinistisch, kurz: „meschugge!"

Der Drückeberger-Stammtisch

Am Stammtisch saß so mancher, stark und jung,
Trotzdem das Ringen sechzehn Monde währte,
Sie sprachen alle mit Begeisterung
Von unsern Helden, von dem deutschen Schwerte.
Des Tisches Zierde war längst reklamiert,
Als Redakteur Depeschen zu erfinden,
Sein Nachbar, mit dem roten Kreuz signiert,
Der war zurückgestellt aus wicht'gen Gründen.
Der Dritte hatte Ischias irgendwo,
Besonders dann, wenn er sich stellen musste,
Der Vierte liefert für das Heer en gros,
Dem Fünften fehlt, was er allein nur wusste.
Beim Magistrat der Sechste Arbeit fand,
Ein Kavalier, der sonst in Wichse[19] reist,
Dort füllt er Listen für das Vaterland,
Wofür er gern entsprechend bill'ger speist.
Nur zweie steh'n vom Stammtisch schon im Feld,
Ein Motorboot- und auch ein Autopächter,
Sie hatten sich freiwillig gleich gestellt,
Als das noch besser ging, jetzt geht es schlechter.
Der Dicke ist Amerikaner gar,
Aus Krotoschin, doch hat er's abgeschworen,
Er nennt sich Näten, seit er drüben war,
Denn Nathan klingt zu polnisch seinen Ohren.
Drei andre haben ein zu schwaches Herz,
Doch doppelt schlägt es für gewisse Damen,
Und auf dem Stammtisch steht am Schild von Erz:
Der König rief, und alle, alle kamen!

---

[19] Wichse: wachsartiges Putzmittel, das etwas glänzend macht
(besonders Schuhcreme).

Der Verordnungsfimmel

Heil'ge Ordnung über alles,
Über alles in der Welt!
Durch das ganze Reich erschall' es,
Das nur sie zusammenhält.
Unterordnung, selbstverständlich,
Unter die, die höher steh'n,
Unnachdenklich, unabwendlich,
Unverzagt und unbeseh'n.

Alles Gute kommt von oben,
Alles Schlechte kommt vom Mob,
Höchste Ordnung muss man loben,
Und man tut's bei uns; na ob!
Schon als Schüler und Soldate
Wird man „ordentlich" geimpft,
Wenn auch mancher hier im Staate
Auf den Zwang der Impfung schimpft.
Aber durch das viele Impfen
Wird man an den Zwang gewöhnt,
Und vergisst zuletzt das Schimpfen,
Mit dem Zwange ausgeföhnt.

Schriebe morgen uns im Lande
Ein Gesetz das Bellen vor,
Bellte hier die ganze Bande,
Bis die Sprache sie verlor.
Und da wir den Maulkorb tragen
Sowieso, seit ew'ger Zeit,
Könnt' bei dem Gesetz man sagen:
Logik krönt die Obrigkeit.
Könnt' es auch begeistert bellen,
Wenn der Maulkorb es erlaubt,
Ohne groß sich zu verstellen,
Denn, man denkt hier nicht, man glaubt.

Glaubt das, was Gesetz geworden,
Sei der Weisheit höchster Schluss,
Bellt sich heiser nach 'nem Orden,
Der dann sicher winkt zum Schluss.

Deshalb kann ich wohl verstehen,
Dass die hohe Polizei,
Wie jetzt in Berlin geschehen,
Neue Ordnung schafft herbei.
Dass, als wir im Kriege waren
Längst schon mit der halben Welt,
Wilson[20] droht' mit Kriegsgefahren,
Immer knapper ward das Geld,
Und der Hunger immer stärker,
Wie die Kohlen-Plackerei,
Man der Hauptstadt unsrer Märker
Legt ein neues Ordnungs-Ei.

Scheinbar wälzten sich die Massen
In Berlin, dem Räubernest,
Deshalb musste man erlassen
Schnell ein neues Manifest;
Neue Regeln für die Straße,
Neue Ordnung für das Haus,
Denn man füllt doch nicht zum Spaße
Den Beruf der Ordnung aus.
Etwa an 2000 Zeilen,
1800 hat dies Buch,
Ließ behördlich man verteilen
So in einem Atemzug.

Würde man sie durchstudieren,
Brauchte man zwei Wochen Zeit,
Hast du keine zu verlieren,

---

[20] Thomas Woodrow Wilson: 28. Präsident der Vereinigten Staaten.

Schafft sie dir die Obrigkeit.
Sperrt dich harmlos vierzehn Tage
Ins Gefängnis dann hinein,
Wo du dich nun ohne Frage
Innig kannst dem Studium weih´n
Der Verordnung, die du eben
Ohne Kenntnis hast verletzt,
Derenthalben du im Leben
Sitzt zum ersten Male jetzt.

So sagt dir in dieser Liste,
Die die Polizei verfasst,
Alles, was man längst vermisste
Als ein Ordnungs-Enthusiast.
Dass man jetzt beim Schweineschlachten,
Hat man frische Wurst im Haus,
Nicht, wie´s sonst die Schlächter machten,
Hängt ´nen Stuhl mit Schürze raus,
Sondern einen weißen Fetzen,
Nicht zu hoch und nicht zu tief,
Und, das Bild nicht zu verletzen,
Nicht zu groß und nicht zu schief.

Wichtig ist in solchen Zeiten,
Wo die Wurst verschwunden ist,
Dass man bei den Obrigkeiten
Neue Regeln nicht vermisst.
Wichtig, ungeheuer wichtig,
Ganz besonders jetzt im Krieg,
Hängt die weiße Fahne richtig,
Halten durch wir bis zum Sieg!

Dann, die Straße überschreiten
Sollst du stets im raschen Schritt,
„Ohne Eile zu verbreiten",
Sonst nimmt dich der Schutzmann mit.

Tu' es stets nur an der Ecke,
Wenn's dort auch am schwersten geht,
Weil ja zum Verhaftungszwecke
Weiterhin kein Schutzmann steht.

Denn, wo jetzt seit fast zwei Jahren
Wagen mangeln permanent,
Drohen dem nur noch Gefahren,
Der Verordnungen nicht kennt.
Ausgestorben sind die Straßen,
Tot scheint jeder Fahrverkehr,
Sieht man eine Droschke rasen,
Humpeln zwanzig hinterher.
Zehn Minuten kann man warten,
Eh' die Trambahn kommt herbei,
Auf dem Fahrdamm, wie im Garten,
Sprießt das Gras im Monat Mai.

Trotzdem kann kein Platz entbehren
Jene Tuter-Schutzmannsschar,
Die jetzt den Verkehr muss stören,
Der im Frieden einmal war.
Hierfür gibt es stets Beamte,
Wie für andre Dinge mehr,
Und ich glaube, das gesamte
Polizeibeamtenheer
Könnte man getrost halbieren
Und es reichte jederzeit,
Wenn man nicht zum Dekretieren
Suchte stets Gelegenheit.
Wenn man nicht aus Bürgern machte
Schüler und Rekruten nur,
Wenn man Freiheitssinn entfachte,
Selbstbewusstsein, statt Dressur.

Denn es gibt kein Land auf Erden,

Wo man so viel dekretiert,
Und beschirmt als Lämmerherden
Jene, die man stramm regiert,
Wie in unserm Vaterlande,
Was die Feinde bringt zum Schluss,
Diese deutsche Rasselbande
Drillt man, weil man's leider muss.

Wer im Ausland lebte lange,
Weiß, es geht auch ohne das,
Ewig lebt man hier im Zwange,
Und Erlass folgt auf Erlass.
Zehnmal größer in den Straßen
Ist in London der Verkehr
Als bei uns bekanntermaßen,
Riesig wogt er hin und her;
Trotzdem glätten sich die Fluten
Unaufhörlich, ohne Zwang,
Ohne Säbel, ohne Tuten,
Weil man frei fühlt, Gott sei Dank!
Weil man nicht am Gängelbande
Wird sein Leben lang geführt,
Wie im deutschen Heimatlande,
Wo man stets nur wird regiert.
Wo sie immer leiten müssen,
Was der Leitung nicht bedarf,
Weil sie oben noch nicht wissen:
Kantig macht stets allzu scharf.

Diese Paragraphen-Seuche
Erbt sich hier in Deutschland fort,
Diese Menschen-Vogelscheuche
Jagt uns fast von jedem Ort.
Wo man hinblickt, Paragraphen,
Zwanzig, dreißig, meistens mehr,
Ewig drohen uns die Strafen,

geht man seines Wegs daher.
Selbst, wenn uns die Eingeweide
Locken zum verschwieg'nen Ort,
Finden wir zu unserem Leide
Zwanzig Paragraphen dort.

Hat den Nickel man gegeben,
Öffnet das Rotundelein[21],
Allerhöchste Zeit war's eben,
Da erblickst du bei der Pein
Zwanzig Regeln an den Wänden,
Und du liest sie trotz dem Zwang,
Aber, eh' du's kannst beenden,
Folgst du stehend deinem Drang.
Zwischen Pflicht und den Gefühlen,
Hast den Anschluss du verpasst,
Und du kannst nicht runterspülen,
Was du in den Hosen hast.
So ward'st du in der Rotunde
Leider los den Nickel nur
Und bist für die nächste Stunde
Für die Damen hors concours[22].

Solche nicht ersehnten Früchte
Bringt die Paragraphen-Wut,
Mir erscheint in diesem Lichte
Vieles, was man bei uns tut.
Das Verbot'ne reizt am meisten,
Drum verbietet nicht zu viel,
Lernet von den Vielgereisten,
Wie man draußen kommt zum Ziel.
Zuviel Ordnung ist noch schlimmer,
Als zu wenig, für ein Land,

---

[21] Rotunde: öffentliche Toilette.
[22] Hors concours = außer Wettbewerb.

Denn sie reizt den Bürger immer
Unbewusst zum Widerstand.
Schließlich sind wir keine Kinder,
und wir wollen keine sein,
Deshalb, Paragraphen-Finder,
Schränkt das Dekretieren ein!

Aushungerung

Aushungern kann mich keiner nicht,
Wenn mir's an Nahrung nicht gebricht.
Steigt selbst die Seife noch so sehr,
Dann ess' ich einfach keine mehr.
Auch braucht man schließlich keine Gans,
Denn sehr gut schmeckt ein Heringsschwanz,
An dem ein saft'ger Hering dran,
Den für zwei Mark man haben kann,
Wenn man fünf Stunden Hering steht,
Wobei die Zeit so schön vergeht.
Auf Butter pfeif' ich allenfalls,
Denn Fett lebt auch im Gänseschmalz,
Und isst man wöchentlich ein Pfund,
Wird man zwar arm, doch kerngesund.
Kakao, Zucker, Milch, Kaffee,
Das Öl, die Eier und den Tee
Kann man ersetzen durch Ersatz,
Und spart zudem auch noch an Platz.

Meist schadet zu viel Fleischgenuss,
Doch Mangel nie an Überfluss,
Der macht den Menschen seelisch reiner,
Der Überfluss macht ihn gemeiner.

So lang' noch Runkelrüben blüh'n,
Noch Krähen durch die Lüfte zieh'n,
Die Marmelade nicht versiegt,
Sich Wasser aus der Leitung schmiegt,
Der Hering noch zum Laichen zieht,
So lang' noch klingt das deutsche Lied,
Und an Ersatz es nicht gebricht,
Verhungert auch kein Deutscher nicht.

♠

Die Schuld der Obrigkeit

Jeder Deutsche ist zum Quängeln
Jederzeit zu gern bereit,
Ganz besonders, zu bemängeln
Taten unsrer Obrigkeit.
Ja, selbst vor der höchsten Stelle
Macht der Deutsche selten halt,
Wenn er auch für alle Fälle
Nur geheim die Fäuste ballt.
Sagt der Schutzmann, wie gewöhnlich:
„Geh'n Sie auseinander hier!"
Nimmt der Deutsche das persönlich;
Und sagt gar ein Offizier:
„Immer feste druff!" im Frieden
Findet man das unerhört,
Selbst wenn hierdurch wird vermieden,
Dass ein Leutnant wird gestört.

Aber es wird ungleich schlimmer,
Wenn dem Frieden folgt der Krieg,
Denn dann schimpft der Deutsche immer,
Feiert er nicht g'rade Sieg.
Ob er nun für etwas Gutes,
Oder für Kartoffeln steht,
Schimpfen muss er, und er tut es,
Weil die Zeit zu langsam geht.
Doch er schimpft nicht nach drei Stunden
Etwa auf die säum'ge Zeit,
Die zu langsam hingeschwunden,
Sondern auf die Obrigkeit.

Wird in Schutzhaft er genommen,
Die, wie schon der Name sagt,
Schützt ihn, was auch möge kommen,
Schimpft er wiederum und klagt.

Gibt man ihm, in zu bewahren,
Keinen Schnaps mehr nach neun Uhr,
Lässt ins Opernhaus ihn fahren
Von Westend per Droschke nur,
Schließt um zehn Uhr die Theater
Aus bewusster Sparsamkeit,
Schimpfen Kinder, Mutter, Vater
Auf die hohe Obrigkeit.

Gibt man ihm pro Jahr zwei Hemden
Und ein Unterhosenpaar,
Sucht ihn langsam zu entfremden
Überflüss'ger Nahrung gar,
Gibt ihm täglich zwei Gramm Seife
Für des Körpers Reinlichkeit,
Schimpft er, stopfend seine Pfeife,
Wieder auf die Obrigkeit.

Wenn die Kühe nicht mehr geben,
Als sie haben von Natur,
Milch und Butter knapp wird eben,
Was davon die Folge nur,
Wenn das Schwein frisst wen'ger Futter,
Weil es nicht mehr Futter hat,
Und kein Schmalz d'rum findet Mutter
In und außerhalb der Stadt,
Schimpft der Deutsche nur alleine
Auch bei der Gelegenheit,
Statt auf Kühe oder Schweine,
Wieder auf die Obrigkeit.

Soll vielleicht sich melken lassen
Gar die hohe Obrigkeit,
Fett erzeugen in den Massen,
Die das Volk braucht jederzeit?
Sollen sich mit Speck und Kleister

Nähren, bis sie platzen fast,
Die verehrten Bürgermeister,
Dass due Fett in Fülle hast?

Beißt kein Fisch an deine Angel,
Weil der Teich ist leer zur Zeit,
Ist nur schuld daran der Mangel,
Aber nie die Obrigkeit.

Neutralität

O Mensch, der du Neutraler bist
In diesem blut'gen Völkerzwist,
Bedenke stets, neutraler Sohn,
Undank ist des Neutralen Lohn.

Tust du, was deine Feinde taten,
Bevor sie in den Krieg geraten,
Und andre traf des Krieges Qual,
Bist du natürlich nicht neutral.

Gibst du nicht recht den Gegnern beiden,
Was immer auch sei zu entscheiden,
So hast du keinerlei Moral,
Und bist so wieder nicht neutral.

Wehrst du dich gegen Übergriffe,
Und gegen unverdiente Püffe,
Schreit alles gleich: „Welch ein Skandal,
Das nennt nun dieser Kerl neutral!"

Sprichst gar du mal von Völkerrechten
Zu diesen oder jenen Mächten,
So hält man dich nicht für normal,
Denn Völkerrecht sei nicht neutral.

Ist die der eine Gegner lieber,
So denke niemals nach darüber,
Sonst weist man dich aus dem Lokal,
Auch Sympathie ist nicht neutral.

Am besten schläfst du nur im Kriege
Und wachst erst wieder auf beim Siege;

Wozu gibt es denn Veronal[23]?
Nur träum′ gefälligst auch neutral.

♠

---

[23] Veronal: Markenname für Barbital, bekannt als zum Suizid genutztes Präparat.

Monogassische Volkshymne[24]

Heil, Fürst von Monaco,
Lebst von Bordell en gros
Und auch vom Spiel;
Wie auch die Kugel rollt,
Dir bringt sie immer Gold,
Stets wird das Schandgeld dein,
So oder so.

Hast keine Sympathie
Für unsre Strategie,
Kannst seh'n kein Blut.
Ob es dich auch betrübt,
Wenn Selbstmord der verübt,
Den du erst ausgeraubt?
Rien na va plus[25]!

Nicht Ross, nicht Reisige
Sichern die steile Höh',
Nur der Croupier,
Der dir das Geld kassiert,
Das täglich der verliert,
Den lockt dein Ruf hinein:
„Faites votre jeu![26]"

Du bist neutral fürwahr,
So wie der Russen-Zar,
Heil, Albert, dir!

---

[24] Original Fußnote A. O. Weber: „Albert, Fürst von Monaco, erließ vor einigen Jahren für eine seinen Verdiensten entsprechende Volkshymne ein Preisausschreiben. Ich beteilige mich etwas spät, hoffe aber, den ersten Preis noch zu erringen."
[25] Rien na va plus! – Nichts geht mehr!
[26] Faites votre jeu! – Ihr Einsatz bitte!

Hast jederzeit erlaubt,
Dass man uns ausgeraubt,
Mochten wir blond nur sein,
Rouge ou noir[27].

Heut' liebst du die Entente,
Weil's dich ums Thrönchen bangt,
Wirfst auf uns Dreck.
Fühl' in des Thrones Glanz
Die hohe Wonne ganz,
Liebling des Spiels zu sein
Trente et Quarante[28].

---

[27] Rouge ou noir. – Rot und Schwarz.
[28] Trente et quarante: Glücksspiel mit sechs Paketen französischer Spielkarten.

Die angebliche Fettnot

Die Gans hat's Kapitol gerettet,
Jetzt rettet sie das Kapital,
Das Buttermangel hat entfettet,
Sein Leib passt in kein Futteral.
Der Herr Kommerzienrat ward schlanker
Als jemals in Marienbad,
In Lilienschlankheit geht zur Bank er,
Den Magen voll, doch niemals satt.
Auch seine Gattin, die Isolde,
Die imposante, schöne Frau,
Verlor ein Drittel schon, die Holde,
Junonisch[29] ward ihr Körperbau.
So wurden zehn Jahr jünger beide,
Soweit des Leibes Schlankheit spricht,
Doch wurden sie zu ihrem Leide
Zehn Jahre älter im Gesicht.
Sie sah mit vierzig aus wie dreißig,
Als ich von hinten kam ihr nah',
Im Geiste ihre Schönheit preis' ich,
Als plötzlich ihr Gesicht ich sah.
Da lagen in den welken Zügen
Wohl fünfzig Jahre, wenn nicht mehr,
Das Ponim[30] straft den Körper Lügen,
Und ich lief nicht mehr hinterher.

So schien es ihr recht oft zu gehen,
Es wurde ihr sehr bald zu bunt,
D'rum tat sie eine Gans erstehen,
Die wog mit Latschen zwanzig Pfund.
Die kostete mit Haut und Knochen
So etwa hundertfünfzig Mark,

---

[29] Junonisch: wie Juno, von stattlicher, erhabener Schönheit.
[30] Ponim = Angesicht

Doch gab sie Fett für fast zwei Wochen,
Das sie am Hinterteil verbarg.

Nun kauften alle vierzehn Tage
Kommerzienrats sich eine Gans,
So war die schwere Fettnotfrage
Durch Gänsefett gelöst mit Glanz.
Jetzt hat sich wieder angefettet
Die Gattin, wie der Herr Gemahl,
Die Falten haben sich geglättet,
Vorüber ist des Hungers Qual.

Da reden nun die dummen Leute
Von Fettnot und von anderm auch,
Man spricht ja fast nichts weiter heute,
Als was zugute kommt dem Bauch,
Statt hin zum Gänsemarkt zu laufen
So oft, wie Frau Kommerzienrat,
Um sich dort eine Gans zu kaufen,
Die jeder kaufen darf im Staat.

Man sieht, dass es noch gar nicht schlecht ist,
Wenn man die Fettnot so bezwingt,
Und was Kommerzienräten recht ist,
Das ist uns „billig" unbedingt!

Die Frau im Kriege

Überall, wohin wir schauen,
Nichts als Mädchen, Fräulein, Frauen;
Frauen tragen schwere Lasten,
Schalterfräulein langsam hasten,
Dralle Mädchen fahren Wagen,
Kellnerinnen Speisen tragen.
Auf der Hochbahn, Untergrund,
Kommandiert ein Frauenmund,
Und selbst auf der Eisenbahn
Sind wir Frauen untertan.

Frauen füllen heut' Granaten
Wie im Frieden Gänsebraten,
Fräulein bis zum höchsten Alter
Lächeln aus dem Kartenschalter;
Mädchen, noch in Kinderschuh'n,
Tun, was sonst nur Männer tun.
Selbst beim Skat der dritte Mann
Hat heut' keine Hosen an.

Geht's in diesem Tempo weiter,
Wird die Frau Soldat, Gefreiter,
Leutnant, Hauptmann, General,
Feldmarschall sogar einmal,
Und man liest: Frau Hindenburg
Brach bei Kiew gestern durch;
Ist d'rum Ritterin geworden
Von dem schwarzen Adlerorden,
Den die Kaiserin beglückt
Ihr verliehen und geschickt
Durch Frau Sarah Isidor,
Oberstin im Garde-Korps.

Ja, bei diesem Männer-Dalles[31]
Werden unsere Frauen alles,
Und wir Männer in drei Jahr'
Überflüssig ganz und gar.
Deutschland wird dann in der Tat
Umgekehrter Bienenstaat,
Wo dem König emsig dienen,
Statt der Königin, die Bienen.
Und die Zucht degeneriert,
Weil, ist er nicht reklamiert,
Dieser König ist d. u.[32]
Oder viel zu alt dazu.

Doch auch dieser Krieg wird enden,
Und bald wird sich alles wenden,
Könige, d. u. im Lieben
Werden dann a. D.[33] geschrieben,
Hin ist euer Renommee,
Könige d. u., a. D.,
Weil der brave Kriegersmann
Tut zu Hause, was er kann.

„Ihr" haltet durch!

Die mit den stärksten Nerven werden siegen!
Sprach einst von Hindenburg vor fast zwei Jahren,
Millionen heute in den Gräbern liegen
Der Männer, deren Nerven Eisen waren.
Der Krieg geht weiter und die Nerven leiden
Bei uns, beim Feind, ja selbst bei den Neutralen,
Die stärksten Nerven werden ihn entscheiden,
„Entscheidung, nah´!" zu groß sind schon die Qualen.

Doch nein, es leben ja gewisse Leute,
Die dieses Krieges Qual bisher verschont hat,
Die seine Schrecken kannten nicht bis heute,
Die and´rer Unglück noch sogar belohnt hat.
Zum Beispiel, alle wollen wir nicht nennen,
Des Heeres reich gewordne Lieferanten,
Der Krieg ist denen ein gewonn´nes Rennen,
Ob sie nun Händler sind, ob Fabrikanten.

Die sitzen warm im gutbeheizten Schlosse,
Und essen mit den Ihren Friedensbraten,
Sie haben Auto, Reitpferd und Karosse,
Und werden dekoriert für hohe Taten.
Der Krieg bringt ihnen Glück, und nur Verderben,
Ist denen Aufstieg, uns Verfall, nichts weiter,
Millionen werden Krüppel, müssen sterben,
Ihr aber steigt empor des Glückes Leiter.
Ihr könnt im Krieg die Nerven gut behalten;
Was steht ihr aus, nennt mir doch eure Leiden?
Könnt betend manikürte Hände falten,
Und euren Mut in starke Worte kleiden!

„Wir" halten durch! Könnt ihr begeistert singen,
Wenn Kampf und Hunger andren bringt Verderben,
Was leidet ihr bei diesem Völkerringen?

„Ihr" haltet durch, wenn andre für euch sterben!

Berliner Theaterkunst im Kriege

Der Krieg begann, hurra, hurra!
Nur Patrioten sah man da;
Ein Volk, ein Mann, ein Feldgeschrei,
Mit allen Fremden war's vorbei.
Und sahst du auch nur englisch aus,
So bliebst am besten du zu Haus;
Doch sagtest du „pardon" sogar;
Fraß dich der Mob mit Haut und Haar.
In ganz besonders niedrer Weise
Tat das der Mob der bessern Kreise;
Man musste doch den andern zeigen:
Uns ist das wahre Deutschtum eigen.
Und war's damit im Herzen faul,
Bewies man's durch das große Maul.

Doch war dies Treiben dieser Meute,
Selbst heute gibt's noch solche Leute,
Für jeden, dem das Wort Barbar
In manchem Sinn verständlich war,
Auch widerwärtig bis zum Spei'n,
Ein Gutes schien dabei zu sein:
Die Deutschen schienen zu beginnen,
Sich auf ihr Deutschtum zu besinnen.
Drum konnte bei dem Hurra-Brüllen
Der Kern sich aus der Schale hüllen,
Das Äußerliche konnt' vergeh'n
Und echtes Deutschtum konnt' entsteh'n.

So hörte man auch damals rufen,
Hoch oben auf des Deutschtums Stufen:
„Macht das Theater uns gesund,
Hinweg mit fremden Kitsch und Schund!
Der deutsche Dichter soll allein
Der deutschen Bühne Meister sein!

Lasst deutsche Dichtkunst sich entfalten,
Um deutschen Geist stets hochzuhalten!"

Dann spielte man siebenhundertmal
Den „Immer feste druff – Skandal",
Und sang im Kabarett beim Wein:
„Fest steht und treu die Wacht am Rhein",
Und hinterher voll Poesie:
„Ich mach Bibi, ich mach Bibi - - -
Zu meiner Frau!" und alles brüllt,
Was dort des Geistes Hunger stillt.
Dann trat die Genta Gönland vor,
Verzapfte, was sie nennt Humor.
Sie brüllte wie ein Straßenbube
Aus einer Vorstadt Kellerstube,
Und glaubte, wenn sie selber lachte,
Dass dann Humor und Witz sie brachte.
So zog der deutsche Geist herein,
Lieb Vaterland, magst ruhig sein!

Und siehst du heut' als deutscher Mann
Die Zettel der Theater an,
Umweht dich echter deutscher Geist,
Liest du, wie der Direktor heißt.
Und trotzdem heißt er nicht mal so,
Streng wahrt er sein Inkognito.
Welch' deutscher Dichter ward entdeckt,
Welch' deutsche Kunst hat man erweckt,
Damit der deutsche Geist gedeiht,
In dieser großen, deutschen Zeit?

Maulhelden sind die nur geblieben,
Die hinter den Kulissen schieben,
Man blieb beim deutschen Geistes-Puff
Und spielte: „Immer feste druff".
Ja, seit uns fehlt der Kaviar,

Spielt Charleys Tante man sogar,
So fasst den deutschen Geist beim Wickel
Des Deutschtums Leuchte, Martin Zickel[34].

Parole bleibt der Auslandsfimmel,
Das Feldgeschrei, der alte Schimmel,
Der alte deutsche Possenschund,
Das füllt die Kassen zu gesund!

Mag sein, dass heut' in deutschen Landen
Nicht mal sind Kotzebues[35] vorhanden,
Die man im Krieg nahm aus dem Spind,
Nur, weil sie honorarfrei sind,
Denn solche Kunst wird unterstützt,
Weil sie dem Herrn Direktor nützt.

Dann aber macht die Bude zu,
Dann hat die liebe Seele Ruh'
Und schreit nicht in die Welt hinein:
Kultur hat Deutschland nur allein!

---

[34] Martin Zickel: deutscher Regisseur und Theaterleiter.
[35] August Friedrich Ferdinand von Kotzebue: deutscher Dramatiker,
Schriftsteller und Librettist.

Wenn ich einmal der Herrgott wär'!

Wenn ich einmal der Herrgott wär',
Mein erstes wäre das:
Ich nähm' die Diplomaten her
Und sperrt' sie in ein Fass.
Das rollt' ich oft den Berg herab,
Vom höchsten Gipfel stets,
Dann nähme ich den Deckel ab
Und sagte: „Na, wie geht's?"

Wenn ich einmal der Herrgott wär',
Mein zweites wäre das:
Ich nähm' Euch Kriegshetzer her
Und füttert' Euch mit Gras.
Wenn Ihr dann ganz verhammelt seid,
Nicht geistig nur, wie jetzt,
Dann habt Ihr auch des Hammels Schneid,
Der kämpft, Ihr aber hetzt.

Wenn ich einmal der Herrgott wär',
Mein drittes wäre das:
Ich ließ den Menschen nimmermehr
Stahl, Sprengstoff und das Gas.
Dann sagt' ich: „Nehmt das Katapult,
Benutzt es mit Geschick,
Den aber, der am Kriege schuld,
Bekränzt mit einem Strick!"

Wenn ich einmal der Herrgott wär',
Für eine Stunde nur,
Ich würfe in das tiefste Meer
Die herrliche Kultur.
Sind erst die Menschen wieder wild,
Dann bleiben sie auch zahm,
Dann sind sie Gottes Ebenbild,

Kultur macht sie infam

Moral im Kriege

Erbärmlich ist's, den Feind zu schmähen,
Er kämpft fürs gleiche Recht wie du,
Nur kannst sein Recht du nicht verstehen,
Und er nicht dein's, drum schlugt ihr zu.
Wo immer sich befehden Mächte,
Da fühlen beide sich im Recht,
Bestreiten ihres Gegners Rechte
Und halten ihres nur für echt.

Recht und Gerechtigkeit auf Erden
Sind schwankende Begriffe nur,
Die ewig umgewertet werden,
Weil sie entgegen der Natur.
Drum, wirst vom Blitze du erschlagen,
Frag' nie, ob er im Rechte ist,
Kein Weiser kann dir Antwort sagen,
Schon, weil du dann im Himmel bist.
Und fragst du dann im Himmel droben:
War das nicht ungerecht vom Blitz?
So lachen alle Englein oben
Und kolportieren deinen Witz.

Glaubt an sein Weltmachtsrecht der Brite,
Der Russe an das Slawenrecht,
Hat gleiches Recht ein jeder Dritte,
Der sagt: Entscheide das Gefecht!
Und ist dann das Gefecht entschieden,
So weiß man, wer im Rechte war,
Der Teil, der stolz diktiert den Frieden,
Ob er nun Papst ist, ob Korsar.

So ist nur recht das, was wir glauben,
Und da ein jeder anders glaubt,
Hat keiner recht, sich zu erlauben,

Ans Recht zu glauben überhaupt.
Noch weniger Recht, sich einzureden,
Er sei im Recht, sein Gegner nicht,
Und gar zu schähen einen jeden,
Der seinem Rechte widerspricht.

Drum soll man nie den Gegner schmähen,
Der mutig auszieht zum Gefecht,
Um, wenn wir es auch nicht verstehen,
Zu kämpfen für sein gutes Recht;
Am wenigsten des Volkes „Söhne",
Das gerade unser Gegner ist,
Weil Politik, die falsche Schöne,
Oft morgen hasst, den heut´ sie küsst.

Und jene, die sich ihr verschrieben,
Die immer kämpfen fern der Front,
Sind stets im Kriege da geblieben,
Wo nur Erkältung schaden konnt´.
Doch jene, die verbluten müssen,
Sind niemals schuld an einem Krieg;
Und wer sie hat auf dem Gewissen,
Freut sich der Schuld, winkt ihm der Sieg.

Wie kann man da den Gegner hassen,
Wie kann man ihn da schmähen gar,
Statt ihm das gleiche Recht zu lassen,
Das uns erscheint als echt und wahr?
Man kann, man muss, man soll ihn töten,
So lang´ das Recht der Waffe spricht,
Doch sollte der voll Scham erröten,
Der hasst, weil jener tut die Pflicht.

Und schuftig handelt jener Bube,
Der ihn gar schmäht noch ungeniert,
Durch Wort und Bild aus warmer Stube,

Als Witzblatt-Kuli reklamiert.
Denn würde er die Feinde kennen,
Und stünde ihnen vis-à-vis,
So würde er wahrscheinlich rennen,
Doch schmähen würde er sie nie.
Der Kämpfer weiß den Feind zu achten,
Fühlt anders als der Witzblatt-Held,
Denn dessen Fühlen, Sinnen, Trachten,
Ist nur: Was für ein Witz bringt Geld?

Er schmähte unsere Bundesbrüder
Mit gleichem Rechte, Mut und Witz,
Sollt' sich das Blatt mal wenden wieder,
Auf seinem Witzblatt-Kuli-Sitz.
Es müsste in den schweren Zeiten
Kein Mensch, der etwas auf sich hält,
Je lesen solche Albernheiten,
Wo sich zerfleischt die ganze Welt.
Am besten wär' es, zu verbieten
In allen Ländern dies Geschmier,
So lang des Krieges Furien wüten,
Denn es ist schade ums Papier.

Doch einen Feind, den muss ich hassen,
Und schmähte ihn offen ins Gesicht
Der feig und treulos uns verlassen,
Nach dreißigjähr'ger Bundespflicht.
Der sich in unsern schwersten Stunden,
Die je gesehen dieses Land,
Bei unsern Feinden eingefunden,
Als italienischer Brigant[36],
Um uns den Gnadenstoß zu geben,
Die wir geschützt ihn manches Mal,
Doch sind wir immer noch am Leben,

---

[36] Brigant = Straßenräuber, Bandit, besonders in Italien.

Noch traf uns nicht sein gift'ger Stahl,
Dich hasse ich, perfides Wesen,
Italia, dich schmähe ich,
Vom Wahnsinn muss die Welt genesen,
Und jeder wird verachten dich.

Verachten die, die deine Söhne
Benutzten zu dem Bravo-Streich,
Italia, du falsche Schöne,
Dein Name sei Banditen-Reich!

Nur einer hat dich hier verstanden,
Als du zum Dolche griffst im Streit,
Ein einziger in deutschen Landen,
Der Harden[37] heißt seit ein'ger Zeit;
Der seine Ansicht, seinen Namen,
Und seinen Glauben, tut es not,
Wie Hemden wechselt, gleich den Damen,
Die lieben für ein Abendbrot.

Italia, sei stolz auf jenen,
Der deinen Treubruch wohl verstand,
Der immer schon gehört zu denen,
Die stolz der Name macht: Brigant.

---

[37] Maximilian Harden; ursprünglich Felix Ernst Witkowski; zahlreiche Pseudonyme wie „Kent", „Aposta", „Kunz von der Rosen": deutscher Publizist, Kritiker, Schauspieler und Journalist.

O sancta stupiditas[38]!

Jeder schwört auf seine Zeitung
Überall in dieser Welt,
Seines Geistes Wasserleitung,
Die er sich zur Bildung hält.
Jeder wiederholt die Enten,
Die ihm seine Zeitung bringt,
Denn die p. t.[39] Abonnenten
Glauben alles unbedingt.

Große Kinder sind sie alle,
Oder aber meistens doch,
Gehen in die Märchenfalle
Auch in tausend Jahren noch.
Dummheit ist ein süßes Laster,
Weitverbreitet und geschätzt,
Süßer noch als Suff und Knaster[40]
Und auch nicht so teuer jetzt.

Deshalb handeln recht die Leute,
Die die Dummheit nutzen aus,
Dummheit bleibt der Klugheit Beute
Hier in diesem Narrenhaus.
Kann dem Dummen ich beweisen,
Dass mein Sklave er muss sein,
Wird er gern als Herren mich preisen,
Und sich seiner Ketten freu´n.
Und kann ich den Hammel haben,
Der sich von mir mästen lässt,
Um mich später zu erlaben,

---

[38] O sancta stupiditas = O heilige Dummheit!
[39] p. t. = pleno titulo: bei der Ansprache von Personen mit
unbekanntem Titel die Nennung des Titels ersetzend.
[40] Knaster: bezeichnet in der deutschen Umgangssprache Tabak.

Halt' ich ihn natürlich fest.
Trägt ein Esel meine Lasten,
Brauch' ich es nicht selbst zu tun,
Wenn zwei andre für mich fasten,
Legt mir dreifach dann mein Huhn.

Edle Dummheit, du sollst leben,
Leben noch zehntausend Jahr',
Und dem Klugen dich ergeben
Jederzeit mit Haut und Haar!
Bist ja eine Gottesgabe,
Und du musst auf Erden sein,
Dass die Klugheit d'ran sich labe,
Wie der Fuchs am Gänseklein.

Dabei sollst du immer denken,
Dummes Rindvieh, dass du denkst,
Weil du dich lässt leichter lenken,
Wenn du an zu denken fängst.

Wenn du „denkst", was deine Zeitung
Täglich hat für dich erdacht
In geschickter Vorbereitung,
Die dich dann noch dümmer macht.
Und so „denkst" du sozialistisch,
Erzkatholisch, liberal,
Optimistisch, pessimistisch,
Kriegsbegeistert und neutral.
Rufst als Franzmann: Deutschland nieder!
Und als Deutscher: Russen 'raus!
In zehn Jahren schreit ihr wieder
Ganz das Gegenteil hinaus.
Schreit es, weil es schreit die Zeitung,
Und die schreit es, weil sie muss,
Im Interesse höh'rer Leitung,
Die… silentium, Pegasus!

Sind dann Völker 'mal im Kriege,
Ist der Gegner stets ein Lump,
Alle melden stets nur Siege,
Dass der Feind nur lebt vom Pump.
Nur der Feind hat angefangen,
Alles dies beweist dein Blatt,
Denn der Leser kann verlangen,
Dass er für sein Geld was hat;
Dass er an der Stammtischrunde
„Seine" Meinung äußern kann,
Die er noch vor einer Stunde
Las im Blatt, der kluge Mann.

Mensch, du willst betrogen werden,
Ergo halt' die Zeitung dir,
Dummheit stirbt nicht aus auf Erden,
Und geduldig ist Papier!

♠

Die Eisenbahn im Kriege!

Wem Gott will rechte Gunst erweisen,
Den lässt im Kriege er zu Haus,
Doch musst du trotzdem jetzt verreisen,
Bestell' den Leichenstein voraus.
Du weißt nicht, wirst du wiederkommen,
Und kommst du wieder, fragt sich's wie,
Denn, wie du Abschied hast genommen,
Sieht keiner dich nach der Partie.

Das neu'ste Kursbuch ist veraltet,
Bevor sein Druck beendet ist,
Der Plan wird täglich umgestaltet,
Drum kauf' es nicht, wenn klug du bist.
Ich rat' dir gut, kauf' dir ein altes,
Das billig ist, und auch nichts nützt,
Jedoch, und für den Zweck behalt' es,
Dich vor Klosettpapier-Not schützt.
Es gibt im Krieg so viele Nöte,
Und kommt zum Schluss auch diese noch,
So bläst du deines Lebens Flöte
In Ruhe auf dem letzten Loch.

Dann geh' zwei Tage vor der Reise
Zum Bahnhof und erkund'ge dich
Nach deinem Zug etappenweise
Und schreib' dir's auf fein säuberlich.

Um neun Uhr fährt der Zug am Morgen,
Du schickst dein Mädchen um halb acht,
Dir eine Droschke zu besorgen,
Sie kommt zurück halb neun und lacht.
Sie hatte eine schon bekommen,
Jedoch der Gaul fuhr hinterher,
Als er vom Bahnhof 'was vernommen,

Zum Himmel ein und sang nicht mehr.
Du eilst zum Bahnhof ohne Sachen,
Die schickt per Post man hinterdrein,
Und kannst es wirklich möglich machen,
Dass du noch kurz vor neun triffst ein.
Dort hörst du nun: Seit heute morgen
Geht dieser Zug erst zwölf Uhr zehn,
So kannst du dein Gepäck besorgen,
Und endlich ins Aquarium geh´n.

Der Zug geht zwar ein wenig später,
Doch findest du dich pünktlich ein,
Du denkst bei dir: vielleicht peut-être[41],
Im Krieg kann alles möglich sein.
Ein Sitzplatz ist nicht zu bekommen,
Doch da du fährst zehn Stunden nur,
Hast du den Eckplatz eingenommen,
Ganz hinten an der Tür, im Flur.
Die Leute drängen in den Gängen,
Man stößt dich höflich weiterhin,
Du sagst zwar: „Bitte, nicht so drängen!"
Doch stehst schon in der Mitte drin.
Du wirst geschoben, fast getragen,
Du könntest ohne Beine sein,
Du denkst: Jetzt platzt gewiss der Wagen,
Da schiebt man noch zwölf andre ´rein.
Doch, siehe da, man schließt die Türen,
Der Zug setzt in Bewegung sich,
Jetzt kann dir nicht mehr viel passieren,
Fall du es aushältst körperlich.

So stehst du volle fünfzehn Stunden,
Denn fünf verspätet sich der Zug,
Du bist zerbeult, zerquetscht, zerschunden,

---

[41] peut-être = vielleicht

Doch lebst du immer noch genug,
Zur Nacht zu suchen dir ein Zimmer,
Doch jedes Haus ist überfüllt,
Drum sitzt du dann beim Kerzenschimmer,
In deine Decke eingehüllt,
Beim Hausknecht in der Hopfenblüte
In dessen Kammer eingezwängt,
Zahlst ihm drei Mark für seine Güte,
Und denkst dir, was man sich so denkt.
Träumst dann vom Sieg und Millionen,
Kaufst dir im Traume 'nen Palast,
Ja, träumst sogar von Kaffeebohnen,
Und dass du Milch und Zucker hast.

Und kannst du dann nach Hause reisen,
Erreichst es lebend, sing' spontan:
Wem Gott im Krieg will Gunst erweisen,
Den schützt er vor der Eisenbahn!

Der Schmerzensschrei der Venuspriesterin

Wie der Krieg doch alles ändert,
Selbst Baron von Rothschild spart
Mit Benzin beim Handschuhwaschen
Und bei jeder Autofahrt.
Wer bei Adlon einst „soupierte",
„Speist" im Rheingold jetzt zur Not,
Und wer sonst im Rheingold „speiste",
„Isst" zu Hause Butterbrot.
Kleine, liebe, süße Mädel,
Denen Wurst ein Pfundstück war,
Leben heut' damit zwei Wochen,
Und sie schlafen nachts sogar.
Ja, der Krieg verändert alles
In sein Gegenteil sogleich,
Wer sonst reich war, hat jetzt Dalles[42],
Nur der Schieber wird jetzt reich.

Frankreich lieh der Welt Milliarden,
Was nicht 'mal „Pariser[43]" tat;
Jetzt im Krieg ist Frankreichs Börse
Nur ein Loch noch, ohne Naht.
Und John Bull[44], der ritterliche,
Nahm gewaltig voll den Mund,
Rechnet auf die Tante Wilson[45],
Doch die betet „sich" gesund.
Belgiens König Albert jammert:
„Wenn ich noch 'ne Krone hätt'!"
Und der Fürst der Monegassen

---

[42] Dalles: Armut, Not, Geldverlegenheit.
[43] Original Fußnote A. O. Weber: „Bekannter Berliner Wucherer".
[44] John Bull: nationale Personifikation des Königreichs Großbritannien.
[45] Thomas Woodrow Wilson: 28. Präsident der Vereinigten Staaten.

Spielt jetzt mit sich selbst Roulette.
Ja, der Krieg verändert alles
In sein Gegenteil sogleich,
Wer sonst reich war, hat jetzt Dalles,
Nur der Schieber wird jetzt reich.

Mit dem Golde des Verlegers
Feiern Dichter jeden Sieg,
Leider aber zahlt der meistens
Prompt drei Monat' nach dem Krieg.
Schuster irren, Schneider brüllen,
Der Herr Hauswirt exmittiert[46],
Pfänder drohen zu verfallen,
Und der Wagen revoltiert.
Wie uns Dichtern geht es andern,
Voller Schulden ohne Schuld,
Zeit ist Geld, doch nicht im Kriege,
Sonst wär' ich Friedländer-Fuld[47].
Ja, der Krieg verändert alles
In sein Gegenteil sogleich,
Wer sonst reich war, hat jetzt Dalles,
Nur der Schieber wird jetzt reich.

---

[46] Exmittieren: durch gerichtlich angeordnete Zwangsräumung aus einer Wohnung, von einem Grundstück weisen.
[47] Friedrich (Fritz) Friedlaender, ab 1906 von Friedlaender-Fuld: deutscher Montan-Unternehmer.

Graf Ernst zu Reventlow[48]

Und E. R. sprach[49],
Der große Graf und Schreiber,
Der Saal halbvoll,
Neun Zehntel waren Weiber.
Und wie er sprach!
Geschmäcker sind verschieden.
Ich lächelte,
Er war mit sich zufrieden.
Er schreibt nicht schlecht,
Nur fehlen ihm Gedanken,
Des Grafen Schiff
Fährt ohne feste Planken.
Ein Äppelkahn,
Bestimmt für märk'sche Flüsse,
Der reicht nicht aus
Für Größenwahn-Beschlüsse.
Vom Äppelkahn
Kann man die Welt nicht lenken,
Man steht zu tief,
Um weit zu seh'n, zu denken.

Wenn Bismarck sprach,
Sprach er von hoher Warte;
Hielt stets verdeckt
Des Trumpfes beste Karte.
Doch E. R. droht

---

[48] Ernst Christian Einar Ludwig Detlev Graf zu Reventlow: deutscher Seeoffizier, Schriftsteller, Journalist und deutschvölkischer bzw. nationalsozialistischer Politiker.
[49] Original Fußnote A. O. Weber: „Der hochgeborene Graf zeichnet seine Artikel in der „Deutschen Tageszeitung" bescheiden: E. R., wodurch er wahrscheinlich den Eindruck napoleonischer Einfachheit erwecken will".

Mit zweifelhaften Trümpfen,
Und lacht der Feind,
Dann fängt er an zu schimpfen.
Ein Diplomat,
Wie Roosevelt einer drüben,
Der vorbestimmt,
Die Büffeljagd zu üben.
Wer steuern will,
Muss zu lavieren wissen,
Sonst wird das Boot
Vom Sturme umgeschmissen.
Der muss versteh'n,
Empfindlichkeit zu schonen,
Und nicht nur stets
Das eig'ne Recht betonen.
Muss kennen auch
Machtpolitik-Gefahren.
Politisch sein,
Heißt sein Int'resse wahren;
Doch heißt es nicht,
Als Boxer aufzutreten,
Und Hurra schrei'n
Bei Pauken und Trompeten.

So sprach E. R.:
Es füllt manch toller Bube,
Der „Aufsicht" braucht,
Europas Kinderstube.
D'rum müssen wir,
Als stärkster großer Bruder,
Auf Ordnung seh'n,
Die Hand stets fest am Ruder.
Wir haben Macht,
D'rum muss man sie entfalten,
Die Völker hier
In strenger Zucht zu halten.

Mir wurde schwül
Bei diesem Diplomaten,
Der so erzieht
Die europä'schen Staaten.
Ich lief hinaus,
Pfiff vor mich hin ganz leise:
Du bist verrückt,
Mein Kind! Ihr kennt die Weise.

Ja, ja, E. R.,
Du selbst und Deine Leute
Sind schuld allein
An unserm Unglück heute.
Nur Größenwahn
Hat stets die Welt vernommen
Von Dir, von Euch,
D'rum musst so alles kommen.
Man hatte Furcht vor solchen Weltbefreiern,
Hat heut' sie noch
Vor solchen Weltmachtschreiern.

„Ein" solches Wort,
Und leider spracht Ihr viele,
In Frieden schon,
Verrät Cäsarenziele.
Die hasst die Welt,
Wer will ihr das verdenken?
Sie braucht uns nicht,
Dass wir ihr Schicksal lenken.

Nicht unser Volk
Verfolgte solche Ziele.
Jedoch E. R.
Und mit ihm, ach so viele!
Ein Unglück sind

Für Deutschland solche Leute,
Die nichts gelernt
Von Politik bis heute.
Durch sie erscheint
Ein Volk als Friedensstörer,
Das niemals war
Des Kriegshandwerks Verehrer.
Wir wollten Ruh´
Und freuten uns am Frieden,
Wir hassten es,
Zum Krieg das Erz zu schmieden.
Wir schwuren d´rauf,
Der Friede würde währen,
Des Krieges Not
Würd´ nie uns wiederkehren.
Doch Dich und Euch,
Euch quälte Weltmachtsfimmel,
Euch ward zu eng
Germaniens Friedens-Himmel.
Ihr sehntet Euch,
Nach Macht, nicht nach dem Frieden.
Wenn´s anders war,
War dieser Krieg vermieden.
Ihr seid gewiss
Die schlecht´sten Völkerkenner,
Merk dir´s, E. R.,
Und Deine Hintermänner!

Wir sind nicht da,
Die Welt in Schach zu halten;
Ein jedes Volk
Kann sich allein verwalten.
Nicht dazu da,
Mit uns´rer Kraft zu prahlen,
Denn Du, Du „sprichst",
Wir aber müssen zahlen.

Wir wollen Frieden,
Wollten Frieden immer,
Zur Welterziehung
Drängten wir uns nimmer.
Doch leider scheint
Der Feind, wie die Neutralen,
Sich unser Ziel
Aus Euerm Kopf zu malen.
D'rum weiter geht's,
Hart trifft der Krieg jedweden,
Es „kämpft" die Welt,
Und der Herr Graf „hält Reden."

Du bist nicht blöd',
Doch reicht des Geistes Leiter
Zum Kapitän-
Leutnant a. D., nicht weiter.
Doch Politik
Braucht wirklich andre Köpfe,
Als Mittelmaß
Und ähnliche Geschöpfe,
Die Hurra schrei'n
Und Weltmachtsunsinn schwatzen,
Denn Politik
Braucht Geist, nicht Bärentatzen.
D'rum, lieber Graf,
Und Deine edle Sippe,
Verschonet uns
Mit Eurer Quasselstrippe.
Ihr schadet uns,
Im Glauben, uns zu nützen,
O mög' uns Gott
Vor solchen Freunden schützen.
Euch hasst die Welt,
Nicht unser deutsches Wesen,
Von Euch will sie

Für alle Zeit genesen.
Und ich, E. R.,
Ich kann ihr d'rum nicht grollen,
Sie will die Ruh',
Die auch wir Deutschen wollen.
Doch Du, E. R.,
Und Deine Hinterleute,
Ihr habt die Welt
Verstanden nicht bis heute.

Lest Bismarck nach,
Macht's auch dem Geiste Mühe.
Und dann verstummt,
Dass bald uns Frieden blühe!

Schatz-Ersatz

Selbst der Mann mit sechzig Lenzen
Tut im Kriege, was er kann,
Um ein Pärchen zu ergänzen,
Dem zum Glück fehlt der Mann.
Und der fehlt zumeist im Kriege
Jenem Teil, der ihn verlangt,
Teils zur Füllung einer Wiege,
Teils, weil sonst die Sehnsucht krankt.

Um den Mangel zu ersetzen,
Der so klar liegt auf der Hand,
Fängt man an, den Mann zu schätzen,
Dessen Jugend längst entschwand.
Nimmt, wenn übrig ihm geblieben,
Auch nur Reste von dem Schatz,
Der bestimmt ihm war zum Lieben,
Ihn aus Not als Schatz-Ersatz.

Mädchen fallen, Frauen irren,
Langsam, aber meistens doch,
Selbst, wenn alte Krauter[50] girren;
Hunger ist der beste Koch.

Wo du hinblickst, siehst du Paare,
Die verletzen dein Gefühl,
Weil der Unterschied der Jahre
Schlecht stimmt zu der Liebe Spiel.
Und der Alte gluckst und tätschelt
Eine jugendfrische Maid,
Und er wird von ihr gehätschelt
Ohne jede Heimlichkeit.
Denn sie weiß, ließ sie ihn merken,

---

[50] Krauter = Sonderling

Dass er als Ersatz nur gilt,
Zu verschwieg'nen Liebeswerken,
Blieb' ihr Sehnen ungestillt.
Schon blickt rüber voll Verlangen
Manches liebe, süße Ding,
Sich den Krauter einzufangen,
Und die Konkurrenz ist flink.

Und wer sucht nicht festzuhalten,
Wenn er ohne Butter ist,
Jeden Käse, selbst den alten,
Weil ihn sonst der Andre frisst?

Gott, man wird trotz aller Siege,
Auf dem Lande, auf der See,
So bescheiden jetzt im Kriege,
Denn der Hunger tut so weh.

Und wenn uns, wir wissen's alle,
Zwingt kein Feind in fremdes Joch,
Ist Ersatz in manchem Falle
Schlimmer als der Hunger noch.

Lasst uns Friedenspfeifen rauchen,
Treibt den Mars von seinem Platz,
Weil wir dann nicht mehr gebrauchen
Eier-, Fett- und Schatz-Ersatz!

♠

Völkerfreundschaft

Die Türken und Bulgaren,
Die lagen in den Haaren
Sich noch vor kurzer Zeit;
Heut´ sind sie Bundesbrüder,
Bekriegen sich nie wieder,
Jetzt sind sie zu gescheit.

Die Russen und Japaner,
Die gelben Insulaner,
Verhauten sich genug;
Heut´ sind sie dicke Freunde
Und werden nie mehr Feinde,
Dazu sind sie zu klug.

Franzosen, Italiener,
Von denen glaubte keener,
Dass er dem andern trau´;
Ganz anders ist das heute,
Vorbei sind alle Streite,
Heut´ sind sie viel zu schlau.

Ja, wer in schweren Stunden
Zusammen sich gefunden,
Der bleibt sich ewig treu;
Wenn Völker Freundschaft schließen,
So sag´, du lässt sie grüßen
Und denkst dir nichts dabei!

♠

Der Traum

Entschwunden der Traum einer wonnigen Nacht,
Gewonnen war längst die entscheidende Schlacht,
Zerschmettert war, was uns bekriegt;
Der Kaiser und Hindenburg schrien hurra,
Als ich an der Spitze der Truppen sie sah;
Mir träumte, wir hätten gesiegt.

Im Zuge des Kaisers lief traurig der Zar,
Und Georg, der König von England einst war,
Ging innig an Wilson geschmiegt;
Der war unsern Feinden zu Hilfe geeilt,
Und hatte natürlich ihr Los nun geteilt;
Mir träumte, wir hätten gesiegt.

Die Welt rief, befreit jetzt, nach deutscher Kultur,
In Japan, da sprachen berlinisch sie nur,
In England echt sächsisch vergniegt,
Wir hatten Ägypten mit Hiinterland,
Die englische Flotte und Russland als Pfand,
Mir träumte, wir hätten gesiegt.

Ich eilte zu Kranzler[51] und aß dort beinah'
Zwölf Torten mit Sahne und schrie laut hurra,
Dann hört' ich was klopfen und schwieg;
Das Mädchen trat ein und stellt es auf den Platz
Zwei trockene Schrippen und Kaffee-Ersatz,
Ach, träumt' ich noch einmal vom Sieg!

---

[51] Original Fußnote A. O. Weber: „Kranzler: berühmte Berliner Konditorei".

Maximilian Harden[52]

Und wieder seicht im Grunewalde
Wittkowskis großer Isidor,
Der, seit er stolz sich Harden nannte,
Der Väter Glauben schnell verlor.

Der, statt in Konfektion zu reisen,
Als Christ Germaniens Retter ward,
Der leider immer noch vergeblich
Aufs Portefeuille des Äußern harrt.
Der vor dem Kriege immer hetzte
Und jetzt nur noch den Frieden liebt,
Der weiße Handschuh braucht zum Lesen
Und lauter Perlen von sich gibt.

Er muss in seiner Zukunft seichen,
Weil er die Weisheit hat in Pacht,
Auf dass man sieht im deutschen Reiche,
Wie Krieg und Politik man macht.

Du deutscher Ritter, wir beschirmen
Auch ohne dich Herd, Hof und Haus,
D'rum lass von neuem dich beschneiden,
Und wandre aus!

---

[52] Maximilian Harden; ursprünglich Felix Ernst Witkowski; zahlreiche
Pseudonyme wie „Kent", „Aposta", „Kunz von der Rosen": deutscher
Publizist, Kritiker, Schauspieler und Journalist.

Russische Kriegsanleihe!

Kinder, zeichnet Kriegsanleihe,
Immer rin in det Lokal!
Hört, was ich euch prophezeie:
Ihr gewinnt hier kolossal!
Mündelsichrer ist sie sicher
Als das größte große Los,
Deshalb kauft ein ordentlicher
Vormund Kriegsanleihe bloß.
Kommt herein und zeichnet alle,
Denn, wenn Schluss ist, dann ist Schluss,
Ist geschlossen diese Halle,
Bleibt versagt euch der Genuss!
Eher geht die Erde unter,
Als dass ihr hier Geld verliert,
Niemals geht der Kurs herunter,
Weil das Reich ihn garantiert.
Mehr als hundert Millionen
Hat gezeichnet Majestät,
Immer muss ich das betonen,
Weil's in keiner Zeitung steht.

Denn der Zar ist zu bescheiden,
Das ist längst ja weltbekannt,
Deshalb will er es nicht leiden,
Dass die Summe wird genannt.
Und d'rum fehlt sein hoher Name
In den Listen jederzeit,
Außerdem wirkt auch Reklame
Leicht verstimmend, wenn man leiht.
Vornehm wird sie unterlassen,
Und es zeichnet nur, wer mag,
D'rum hereinspaziert in Massen,
Morgen ist der letzte Tag!
Niemals kehrt im Leben wieder

Ein Verdienst, so hoch, wie der,
Väter, Mütter, Schwestern, Brüder,
Zeichnet, was ihr habt, und mehr!

Glaubt ein Russe dem Propheten,
Sichert sich den sichern Schatz,
Hat er später für Tapeten
Kriegsanleihe als Ersatz.

Die Kanzler-Frondeure[53]

Recht haben die Frondeure,
Der Kanzler ist zu schlapp,
Wenn er sich nicht bald ändert,
So sägen sie ihn ab.
Von Bismarck sollt' er lernen,
Wie man den Gegner zwingt;
Nachgiebigkeit ist Schwäche,
Mitunter unbedingt.
Hier aber ganz besonders,
Hier fehlt die Eisenhand,
Sonst wäre vieles anders
Im deutschen Vaterland.

Recht haben die Frondeure,
Und hatten immer recht,
Wenn unter'm Maulwurfshügel
Sie rufen zum Gefecht.
Wenn sie das schon im Frieden
Zu jeder Zeit getan,
Und stets für „ihresgleichen"
Verlangten freie Bahn.

Wenn sie Spezialint'ressen
Hochhielten jederzeit,
Sich zu bewahren suchten
Die Macht, die Recht verleiht.

Die Herren Egoisten
Mit engem Horizont,
Die kämpften schon im Frieden
In ihrer Maulwurfsfront.

---

[53] Frondeur: Angehöriger der politischen Oppositionsbewegung (Fronde).

Sind heute noch dieselben
Und werden's immer sein,
Für sie gilt die Devise:
Der Staat sind wir allein!

Fürst Bismarck hat mitunter
Sie an die Wand gedrückt,
So heftig, dass sie quietschten
Und beinah' sind erstickt.
O, Kanzler, mach's wie Bismarck,
Und quetsch sie an die Wand,
Dass sie nicht weiter schaden
Dem schwer geprüften Land.
Bring' jene Maulwurfsseelen
Mal endlich auf den Trab,
Dass sie nicht weiter klagen,
Der Kanzler sei zu schlapp.

Alexander Otto Weber

Erotika

Gesammelte Satiren, 1903 – 1913 (Band III)

Aus dem Altdeutschen übertragen und mit Fußnoten versehen von
Steffen Schulze

Also dachte auch Herr Meyer,
Der – man kennt die alte Leier –
Wollte noch mit siebzig Jahren
In die zweite Ehe fahren.
Heimlich kaufte er im Stillen
Echte span´sche Jugendpillen
Und aß täglich siebzehn Eier
Für die spätere Frau Meyer,
Denn er dachte, dass als Gatte
Er so etwas nötig hatte.

(aus „Die Jugendpillen")

Herstellung und Verlag: BoD – Books on Demand, Norderstedt

ISBN: 978-3754351482